Prendi questa mano

Poesie chi**romantiche**

Elisabetta Giuliani

Prendi questa mano © 2021 Elisabetta Giuliani
Tutti i diritti riservati

Sito: www.poesiaepsicomagia.online
Copertina e illustrazioni: Elisabetta Giuliani

Edizioni e stampa BoD
12/14 Rond-point des Champs Elysées - 75008 Parigi
BoD, Norderstedt, Germania

ISBN: 9782322267675
Pubblicazione: Marzo 2021

Indice

I. Monti e dèi 11

II. Linee maggiori 23

III. Linee minori 35

IV. Rascette 47

V. Stelle e croci 59

Piccolo manuale di chiromanzia 71

Prefazione

I giorni impeccabilmente felici si contano sulle dita della mano. Della mia mano, per l'esattezza. Uno di questi, è stato il giorno in cui ho scoperto la **chiromanzia**.

E' capitato per caso: ho voltato i palmi verso l'alto, disteso con cura le falangi, ho ruotato un po' i polsi... ed è stato lì che mi sono accorta di tutti quegli *strani segni*. Le mie mani erano "marcate" da un'infinità di tatuaggi naturali. Chi li ha scelti per me? Chi li ha disegnati?

Ho visto linee, catene e intrecci, ora profondi, ora spezzati, quasi invisibili. Ho visto geometrie dal rigore assoluto, curve perfettamente parallele e tagli perfettamente perpendicolari. Ho visto cerchietti che parevano isole perse e scarabocchi improbabili, lasciati *qua e là* da chissà quale Autore misterioso. Sembravano croci su pietre tombali, o forse piccole stelle, in un firmamento palmato.

La verità è che le mie mani *mi sono apparse* per la prima volta, come in una visione. Ho subito intuito che ciò che avevo "fra le mani" - è il caso di dirlo - era un documento assai prezioso, un ritrovamento serendipico, offerto da un colpo di fortuna. Una stele di Rosetta, ecco, ma fatta di carne e sangue. Quei due palmi ne avevano di cose da dirmi! E i loro misteriosi geroglifici chiedevano solo di essere decifrati.

La felicità impeccabile, per me, corrisponde sempre al tempo della ricerca. E' arrivata con l'inizio di questa avventura "semiotica": far corrispondere un significante a un significato, enumerare le ricorrenze, isolare le eccezioni. Comprendere la stele significava rispondere all'esortazione socratica: *conosci te stesso!*

La scienza chiromantica mi ha permesso di indagare le mie mani quasi fossero un reperto archeologico. Man mano che interpretavo i segni sulla pelle, si sono aperti per me scenari e destini, mondi possibili verso cui l'immaginazione era libera di derivare.

La stele non è mai rimasta muta, ferma nelle sue incisioni. Durante la ricerca, infatti, la *mano chiromantica* sempre mi parlava, sempre sussurrava qualcosa. Ascoltandola, ho obbedito anche alla mia Volontà.

Riporto in queste pagine *quelle parole* che già dimentico, nella sonnolenza della ragione. Riuscissi almeno a restituire la poesia con cui le sognai.

Voltati, Apollo,
e dammi la mano!
Riprendiamo da dove
abbiamo lasciato...

Questa mano è sola,
è sempre stata così;
incapace dell'applauso.

Monti e dèi

I. Monti e dèi

Poesie chiromantiche

Dammi le tue mani,
e mi ci metterò dentro.

L'anima, lo spirito,
pure il corpo ci metterò;
poggerò le palpebre
che pesano di sera,
i palmi riempirò
di ossa stanche e nervi.

Dammi le tue mani
che già ci sono dentro;
la mia lingua di reliquia
l'hai appesa a *ex-voto*.

Poesie chiromantiche

La magia che fai
dischiude i pugni.

Sul monte di Venere
gli oracoli hanno scritto:
"A chi, se non alla notte?"
"Per chi, se non per te?"

Poesie chiromantiche

Non ho più nulla su questa mano.

E' bianca e spoglia
quasi sembra di razza aliena;
mancano i segni, le linee, le croci
mancano gli indizi per i chiromanti.

Questa mano è uno spazio vuoto
un multiverso offerto,
un campo da arare e mietere
dove tu
sei la folle stagione.

Poesie chiromantiche

C'è un luogo della mano
uno scavo
una pianura
dove tutti i soli vanno a tramontare.

E tira, da li', forse un vento
forse una canzone,
che mi chiama per nome.

Tutto sa delle mie vite
passate e future:
mi ha detto che, per me,
un posto si prepara
tra gli astri tramontati.

Poesie chiromantiche

Mi hanno fatto le mani
per agitare fazzoletti bianchi.

Sono mani di addio.

Poesie chiromantiche

Alla radice delle dita,
dentro i loro piccoli monti,
gli Dèi mi spiano.

Non tutti sono stati generosi,
non tutti portano oro e incensi.
Alcuni mi hanno offerto un'assenza,
un buco fin dentro i palmi.

Ho il dono di un'infallibile mancanza;
il Vuoto è senza fondo
e le mie dita lo indovinano.

Poesie chiromantiche

Tremano le mani,
terremotano.

S'è infossato il monte di Giove
e crolla il tempio di Mercurio,
Venere s'insabbia, scompare Saturno...

Sono un'isola inghiottita
una piccola Atlantide.

Poesie chiromantiche

Torno a te
con le mani giunte,
stai pregando per me?
stai pregando per te?

Sono le dita
colonne di cattedrali,
e i palmi come cortili odorosi,
noi sposi attendiamo sulle unghie.

Non sappiamo cosa porterà la notte,
non sa Psiche chi è Amore.

Poesie chiromantiche

Ho le dita a talismano.

Medio e indice sono incrociati
come due amanti
o due destini,
a augurare felici auspici
e buona sorte.

E quando si separano
sono dita di un'altra mano,
rive di un fiume
che non conosco,
sono due città in un atlante,
più strane e straniere.

Poesie chiromantiche

Bella mano, fatta d'acqua,
le tue lunghezze delicate
sono sirene di porcellana.

Sotto il velo di madreperla
porti sabbia che vola al vento;
bella mano, sai di abissi
che l'Abisso non conosce.

Linee maggiori

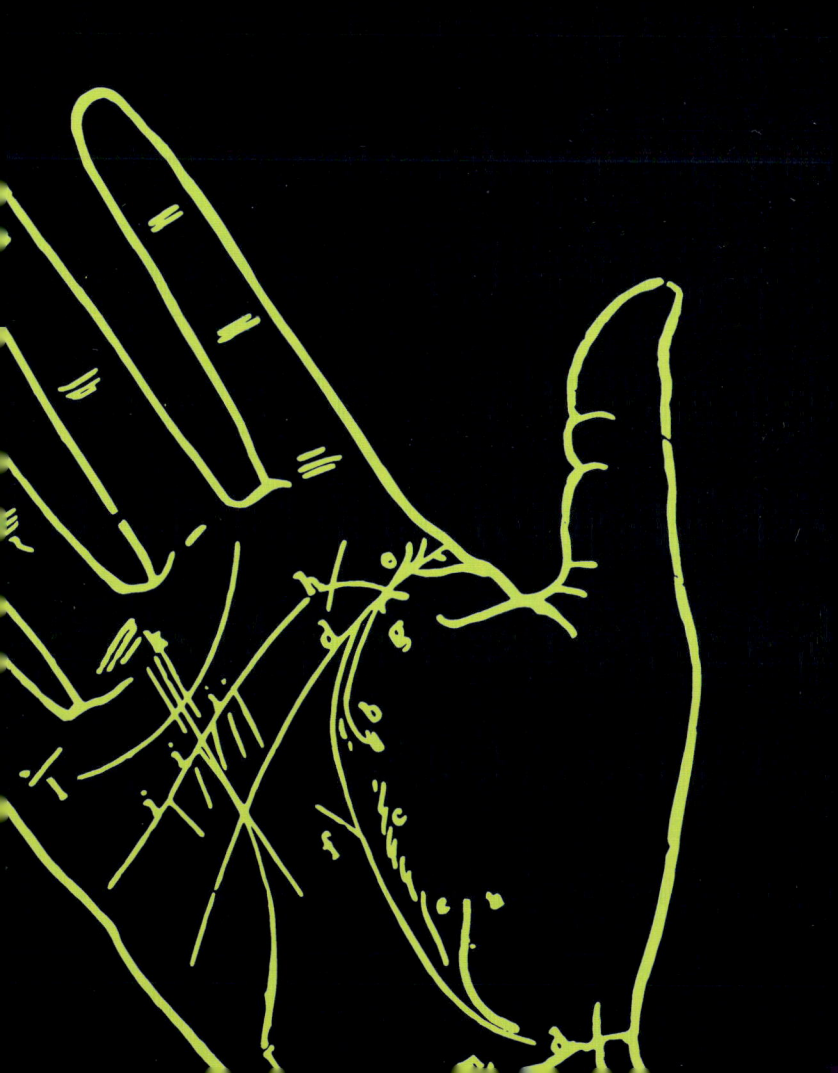

II. Linee maggiori

Poesie chiromantiche

Sei l'inciampo che sta scritto
sulla linea del Destino,
ed io così ti aspetto
come un personaggio tragico
manovrato da Necessità.

Sei il drago che sputa fuoco
ed io sono *tutta neve*;
sei un tranello in cui devo cadere.

Per te accendo
una candela di penitenze.

Poesie chiromantiche

Dimmi com'è
che non so più come aprire i pugni.

Nella mia mano serrata
c'è la città che ci stava stretta
e le lenzuola montate a neve,
c'è la linea della tua Testa,
te l'ho letta nella mano.

Pensava a me, e ancora lo fa.

Poesie chiromantiche

Dietro il pollice opponibile
tendo l'arco della Vita.

Per la mia Venere in Sagittario
mancano le frecce
ma c'è la tensione.

Poesie chiromantiche

Tante volte ho visto ardere
il palmo della mano,
pulsava di cose che non so dire,
che offro solo agli dèi.

Poesie chiromantiche

Curvandomi, ti ho guardato le mani.

Sono due creature folli,
animate di schegge, inseguite da visioni;
come fate silvestri
come fuochi fatui
quelle mani tue si muovono
dove io ho la vertigine.

Poesie chiromantiche

Ho vissuto ore sconosciute,
mi son passate per le linee della mano
che quasi ho toccato "chi sono"...

E chi sono io, non lo sono mai.

Poesie chiromantiche

La linea del Cuore
non dice la verità;
vuol farmi credere ai segni
alle profezie,
vuol convincermi che l'Amore
trova sempre la sua strada,
che un'altra mano, da qualche parte,
porta scritto il mio nome.

Poesie chiromantiche

Alla frattura dei mondi,
sulle nocche immacolate,
ci sono cose che si rilassano
e si dimenticano di me.

Poesie chiromantiche

Una mezzaluna infertile
è la linea della Vita,
mi spacca in due la mano,
corrompe la genealogia.

Sono la madre di me stessa,
mi partorisco ad ogni luna;
il ventre è gravido d'inverni,
formicola di cose sotterranee.

Poesie chiromantiche

Alla tua curiosità veggente
offro il palmo della mano.

Le mie linee, per te,
sono streghe danzanti.

Linee minori

III. Linee minori

Poesie chiromantiche

Attorno all'anulare
c'è la promessa che ti porto.
Serra il sangue e lì si ferma,
per le falangi vampire.

Poesie chiromantiche

L'intera città mi piove tra le mani,
lascia una traccia sudicia,
piccole linee di vergogna liquida.

La scatola di fiammiferi è vuota,
l'ho gettata per terra
come getto il cattivo umore.

La pioggia la riempie d'acqua sporca
e fa quel suono triste;
sporca e riempie pure il cuore.

Poesie chiromantiche

Ho l'indice che punta
verso il Nord delle cose;
qui la materia psichica
è di muschi e di ghiacciai,
e il sole non si leva.

Poesie chiromantiche

Lui mi amò
e anch'io lo amavo.

Le nostre linee intrecciate
erano stanche tutte le notti.

Poesie chiromantiche

Ci sono mani pronte a scattare.

La mia è ferma, da millenni,
posata in linee di trincea.

Poesie chiromantiche

Non sapevo che le mie dita
sono fatte per servire.

Vanno dove vuole il Padrone,
per ultime si coricano alla sera.

Poesie chiromantiche

Nella culla, sulle manine intatte,
si son posate tre fate gentili
per offrire talenti e ricchezze
che ogni fiaba sa raccontare.

La fata oscura s'è posata anch'essa,
e nessuno l'aveva invitata;
ha pervertito tutti i doni,
li ha tatuati di negri presagi.

Talvolta, se la notte è lunga,
la strega torna ai tormenti:
scombina le linee, gratta sui palmi.

Mi dice che non ha rughe dove riposare.

Poesie chiromantiche

Pari un occhio di vetro,
cieco sulle cose del mondo,
geloso delle sue sole visioni.

Pari una mano di legno,
spaccata dal vento e dal freddo,
insensibile al tocco vivente.

Poesie chiromantiche

Manca qualcosa
nelle linee della mano.

Manca il vino a tavola
e le poesie le scrivo con l'acqua.
S'asciugano al vento, in fretta.

Di fretta, asciugano me.

Poesie chiromantiche

Così va la Notte,
da lembo a lembo,
di mano in mano.

Sotto la lingua ho messo
una monetina.

Troverai la strada d'argento?
Ruberai ancora dalle mie labbra?

Rascette

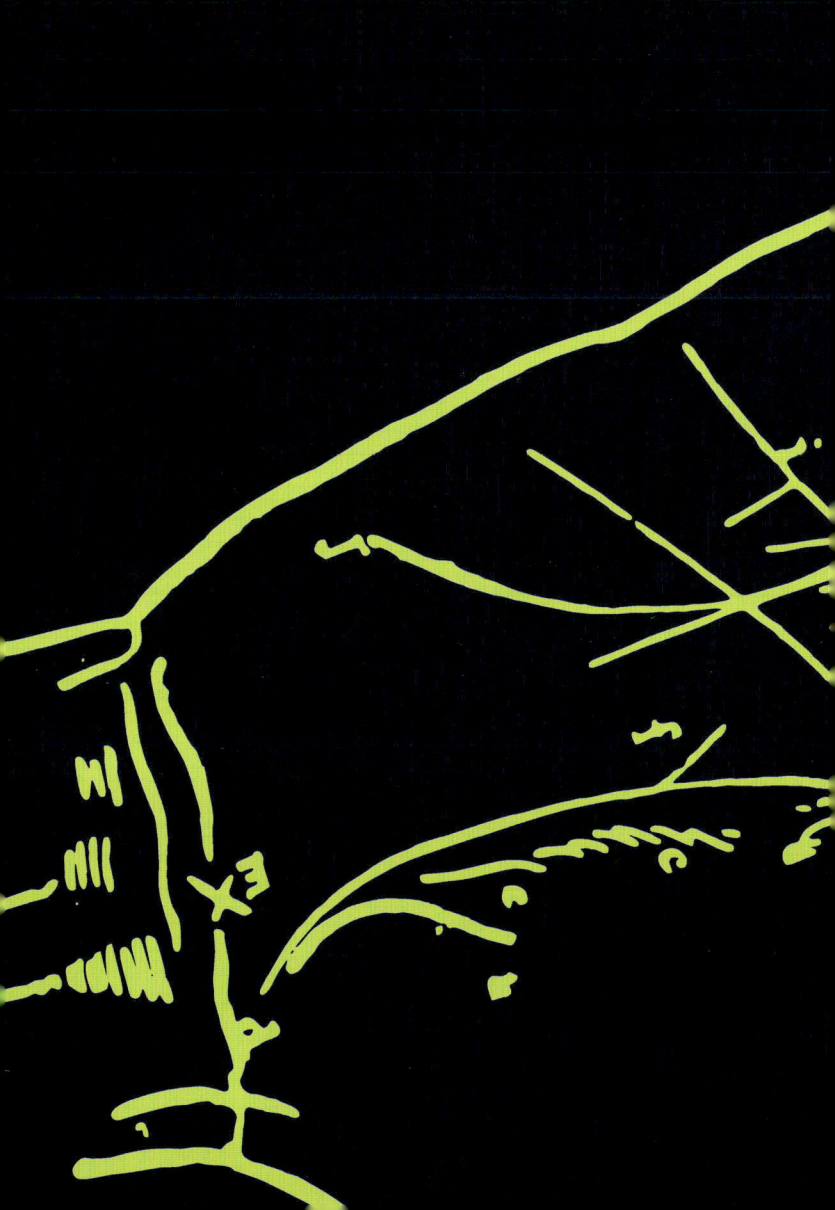

IV. Rascette

Poesie chiromantiche

Questo siamo noi.

Una porta condannata,
un animale murato vivo,
un *braccialetto* porta-fortuna
che ci conta gli anni e basta.

Poesie chiromantiche

Spezzano i bracciali le schiave
e le mie parole
si son spezzate in sillabe;
si son messe a riposo.

Lì, ad aspettarti.

Poesie chiromantiche

Tu che sei più vicino
della vena giugulare
il mio corpo lo conosci,
lo hai tenuto tra le mani.

Hai il tempo di tre *rascette*,
di tre ritorni di Saturno;
l'amore di cui sei capace
è un metronomo rotto
è un crimine seriale.

Poesie chiromantiche

Cosa cerchi da me,
spettro solitario?
Quali segreti indicibili
sussurri solo al mio orecchio?

Nel tuo occhio dorato
nella tua mano infernale
ci sono tutte le mie vite,
tutte le mie vie.

Le schiacci tra le dita
come una mandorla acerba.

Poesie chiromantiche

Mi son fatta rubare
forse il tempo migliore.
Forse te, che inciampi e avanzi,
che mi adorni i polsi
di anelli,
forse i tuoi occhi liquidi, immensi;
portavano a far l'amore,
a riempire i mari
a svuotare tempeste.

Poesie chiromantiche

Lasciami le mani
colme di sogni, tatuate di Destini.

Sei fatto per tornare,
e io per non restare mai.

Poesie chiromantiche

Mano nella mano,
facciamo compagnia agli spiriti.

Poesie chiromantiche

Le tue impronte digitali
sono tutte da bere
sono tutte da portare nelle fibre,
come una *seconda identità*.

Poesie chiromantiche

Ho preso le cose in mano;
in mano, tu hai preso me.

Poesie chiromantiche

No, diavolo,
non è con te che ho stretto un patto,
ma con la mia fede disperata.

Lancia il sasso, nascondi pure la mano,
che il tuo volto mi è noto
e agli altri appena si svela.

Stelle
e croci

V. Stelle e croci

Poesie chiromantiche

Ogni croce della mano
marca un punto sulla mappa.

Qui stanno i luoghi
piratati,
qui stanno seppelliti
i miei tesori.

Poesie chiromantiche

Tutte le stelle sono sui palmi.

Da piccola proteggevano gli occhi,
e io guardavo film dell'orrore.

Poesie chiromantiche

Siamo destini in mano ai maghi.

Poesie chiromantiche

E stavo attenta a non farti
promesse d'avorio;
e stavo attenta a non lasciartele
nelle *griglie* della mano.

Poesie chiromantiche

L'attesa è messianica
e si bendano le mani.

Porto ferite e stigmate
e tu baci i palmi sacri.

Poesie chiromantiche

Queste tracce, e ve lo dico in gran segreto,
non riescono a star zitte.

La pelle non fa silenzio
e non c'è segno che resti muto.

Ogni linea indica da qualche parte
va lì dove l'ha disegnata *qualcuno;*
marca un limite
tra il prima e il dopo
e tutto fa accadere sulla soglia.

Poesie chiromantiche

Ho mani di forbice
che tagliano i fiori
come vaghi sospetti.

I ricordi, li hanno sfrondati.

E' la meccanica della pelle.

Poesie chiromantiche

Chiudi al mio sangue
l'alta finestra,
come Giulietta che s'infligge Romeo.

Tu fai le cose che gelano le dita
tu metti il cuore sui carboni ardenti.

Il palmo fa la quadratura del cerchio:
per le dita sentinelle
in prodigiosa abbondanza
tu mi accadi
come la Divina Provvidenza.

Poesie chiromantiche

Fai il tuo dovere
di anfora ultima,
mettiti a mo' di coppa
che serve acqua
da portare alla bocca.

Raccogliere la sete
è il tuo radioso destino.

Poesie chiromantiche

Prendi questa mano
e svuotala di ciò che non sei tu;
che *gli oracoli hanno smesso di parlarci
e noi di ascoltarli.*

Piccolo manuale di
CHIROMANZIA
Inizia a leggere la tua mano

Piccolo manuale di chiromanzia

Piccolo manuale di chiromanzia

> *"... qui in manu omnium hominum signat*
> *ut noverint singuli opera sua."*
> (Giobbe 37,7)

L'origine dell'arte chiromantica si perde nella notte dei tempi. Ne parlano già le Sacre Scritture, più precisamente il libro di Giobbe: "nella mano di ogni uomo Dio pone un segno, affinché ognuno conosca le opere sue."

La Chiromanzia è, infatti, una pratica antichissima che permette di descrivere il carattere e il destino di ciascun individuo, grazie allo studio del palmo della sua mano. Gli Antichi la consideravano una vera e propria scienza, al pari della fisica, della matematica o dell'astronomia. Lo stesso Aristotele dedicò numerosi saggi a quella che egli chiama la *chirosofia*: "le linee non sono iscritte nelle mani dell'uomo senza una causa" - sosteneva il filosofo greco - "esse procedono da influssi celesti e dall'individualità propria dell'uomo."

Le pagine che seguono raccolgono alcune nozioni di base per iniziare a **leggere la tua mano**. Secondo la tradizione, l'indagine chiromantica va condotta su entrambi i palmi, ma di solito si prende in considerazione solo la mano sinistra, perché meno sollecitata dai gesti e dalle attività quotidiane.

La mano è un pentacolo magico, "un concentrato dell'uomo", scriveva A. Desbarolles. Al di là del suo uso a scopi di divinazione, la chiromanzia tira a lucido lo specchio che riflette i tuoi misteri.
Fanne buon uso, e questi saranno in *buone mani*.

La forma della tua mano

La tua mano ha una forma unica, un assetto globale che rivela tante cose. Prova a misurare, ad esempio, la grandezza del palmo, dal polso fino alla base delle dita.

La chiromanzia classica utilizza questo primo parametro per distinguere quattro forme della mano, ciascuna rivelatrice di tratti caratteriali ben precisi, legati agli elementi primari: aria, acqua, terra e fuoco.

La **mano "Aria"** presenta il palmo quadrato, con molte linee chiare e ben definite. La lunghezza delle dita è maggiore rispetto a quella del palmo, le nocche sono sporgenti e i pollici bassi. Se la tua mano corrisponde a queste descrizioni, sei una persona dal temperamento vivace, arguto e molto loquace. A seconda dei casi, puoi apparire freddo o superficiale, forse anche un po' troppo stravagante e anticonvenzionale. Sei a tuo agio con tutto ciò che è legato alle operazioni mentali, all'intelletto e all'astrazione, anche se la tua capacità di concentrazione è spesso bassa.

La **mano "Acqua"** ha il palmo ovale, di una lunghezza uguale a quella delle dita, che sono flessibili e affosolate, di forma conica. E' la mano dall'aspetto più elegante e asciutto, contraddistingue le persone creative, dotate di una spiccata intuizione e di facoltà quasi medianiche. Emotività, introversione, sensibilità e lunaticità sono luci e ombre di questa mano, tipica degli artisti e degli inguaribili romantici.

Anche nella **mano "Terra"**, la lunghezza del palmo è uguale a quella delle dita che, in generale, sono massicce e tonde con pelle ruvida e rossastra. Questa mano appartiene a persone solide, tradizionaliste e dotate di grande energia, di un'infaticabile resilienza. A volte, possono mostrarsi testarde e troppo legate alle cose materiali. Questa mano racconta di persone pragmatiche e tenaci, con i piedi per terra, coerenti, affidabili e molto responsabili.

Per finire, la **mano "Fuoco"** è quella che presenta dita corte e un palmo quadrato. Qui le linee sono molto marcate e ben numerose, rivelano un temperamento dinamico, forse anche un po' impulsivo, sempre alla ricerca di nuovi stimoli e avventure. Questa mano appartiene alle persone entusiaste e coraggiose, che agiscono prima di riflettere, spesso sprecando molte energie. E' una mano mossa da grandi slanci d'ottimismo, ma che può anche apparire egoista e insensibile.

I piccoli monti

Apri la tua mano, cosa vedi? All'interno del palmo, alla base delle dita, ci sono delle parti carnose, dette *monti*.

Secondo la chiromanzia classica, è proprio attraverso i "monti" che la nostra mano subisce la diretta influenza di astri e pianeti. E' importante precisare che, contrariamente a quanto accade alla forma del palmo e alla lunghezza delle dita - tratti immutabili che ci accompagnano sin dalla nascita - l'ampiezza e la durezza dei monti può, invece, cambiare con il passare del tempo.

Allo stesso modo, la tradizione astrologica ci insegna che anche le energie e le influenze dei pianeti cambiano, a seconda dei transiti e dei vari aspetti che formano le cielo e con il nostro tema natale.

Ogni monte è un piccolo tempio offerto agli dèi, i cui favori non vanno mai dati per scontati. Gli dèi possono mostrarsi particolarmente generosi nei nostri confronti, ma anche capricciosi e imprevedibili. Per scoprire qual è la tua "divinità" predominante, prova a chiudere la mano quasi a voler formare una coppa e identifica il monte che emerge maggiormente, quello più visibile.

Se questo è alla base del pollice, ci troviamo al cospetto di Venere. Il "monte di Venere" indica una predisposizione naturale all'estetica e all'edonismo, ma anche il bisogno di ottenere gratificazioni costanti e piaceri immediati. Vigore, entusiasmo per la vita, carica sessuale... Tanto più questo monte è prominente, quanto più queste qualità sono accentuate.

Allo stesso modo, un monte di Venere inesistente indica non poche rigidità nel modo di gestire le relazioni e anche scarso interesse per le questioni legate alla famiglia.

Giove, invece, è collocato nel piccolo monte sotto il dito indice. E' il monte dell'estroversione, del carisma e della generosità. Se è ben visibile può indicare una persona dominante, egocentrica e anche un po' aggressiva. Se è piatto o inesistente, racconta di una scarsa fiducia in se stessi e di un sentimento costante di inadeguatezza.

Se il "monte di Giove" si sviluppa, invece, in modo equilibrato e senza predominare sugli altri, possiamo godere di una sana autostima e saremo spontaneamente mossi ad aiutare gli altri.

Sotto al dito medio si trova il "monte di Saturno", tempio dell'introversione e delle forze del fato. Se il monte si presenta alto e ben sviluppato la persona tenderà alla malinconia e all'estraniamento, mostrandosi particolarmente cinica nei confronti della vita. Quando il monte è basso e poco visibile, invece, la persona potrebbe rivelarsi superficiale e assai disorganizzata. Secondo alcune tradizioni, inoltre, la totale assenza del monte di Saturno non è un dato da sottovalutare. Annoverato tra i "segni funesti", questo tratto invita ad esplorare il resto della mano, per una maggiore presa di coscienza.

Il "monte di Apollo" si trova sotto l'anulare. Apollo protegge le arti, la capacità creativa e l'amore per le cose belle. Se il monte è alto e carnoso, la persona è stravagante e orgogliosa, nonché piuttosto attaccata alla ricchezza e alla ricerca della celebrità. All'opposto, un monte di Apollo basso e poco sviluppato indica una persona con scarsa immaginazione e poco vitale, che può spesso apparire pedante e noiosa agli occhi degli altri.

E proseguiamo la nostra *passeggiata tra i monti* proprio sotto il dito mignolo, in presenza di Mercurio, divinità dell'eloquenza, degli scambi commerciali e della comunicazione. Un "monte di Mercurio" equilibrato rende particolarmente abili in tutti questi ambiti, offrendo a chi lo possiede un'eccezionale agilità di pensiero e grande diplomazia.

Quando il monte di Mercurio è troppo sporgente, può indicare un'attitudine alla menzogna e alla manipolazione. Se, invece, è scarno e poco visibile, la persona dovrà lottare spesso per vincere la sua eccessiva timidezza.

Appena sotto il monte di Mercurio è situato quello di Marte, tempio della determinazione e del coraggio. Quando questo è sviluppato e rigido, la persona è impavida e resiliente, non si lascia facilmente abbindolare. Quando il "monte di Marte" è morbido e soffice, invece, chi lo possiede tenderà a farsi comandare a bacchetta. Secondo alcune tradizioni chiromantiche, esisterebbero in realtà due monti di Marte: uno *negativo,* situato esattamente sotto il monte di Mercurio e correlato alla forza d'animo, all'autocontrollo e alla perseveranza, e uno *positivo,* situato sulla parte opposta e sopra il monte di Venere, sull'attaccatura superiore del pollice. Se ben pronunciato, quest'ultimo esprimerebbe la capacità di mobilitare forze, risorse e alleati per superare ogni difficoltà della vita.

Ormai raggiunta la parte opposta della mano, non ci resta che esplorare il "monte della Luna", alla radice del pollice. E' il luogo dell'immaginazione, dei misteri e dell'emotività. Quando il monte è pronunciato, la persona esercita un forte carisma, è fantasiosa e spirituale, amante della natura e della bellezza. Quando è basso, la persona sarà invece affetta da depressioni, facile preda delle sue emozioni. Quando il monte della Luna è piatto, infine, anche le cose del cuore s'appiattiscono: i sentimenti diventano duri e l'approccio al mondo è più materialista.

Le linee maggiori

Ogni linea della tua mano ha la sua importanza, anche la più sottile e poco visibile. Alcune di esse mutano nel tempo, proprio come avviene per i piccoli monti. Le linee si allungano e si accorciano di frequente, perciò è molto importante osservarle con attenzione: l'improvvisa comparsa (o scomparsa) di una linea della mano annuncia sempre un importante momento di svolta.

La chiromanzia tradizionale individua sul palmo alcune linee maggiori: la linea del Cuore, la linea della Vita, la linea della Testa e la linea del Destino.

La **linea del Cuore** comincia alla base del monte di Mercurio e si muove parallelamente alla linea della Testa, fino a terminare sul monte di Giove. E' la linea più indagata dai chiromanti per gli "affari" di cuore, poiché fornisce preziose informazioni sulla storia sentimentale di ciascuno di noi.

Esistono diversi tipi di linea del Cuore, ciascuno dei quali è associato a uno dei quattro elementi: aria, acqua terra e fuoco. Capire a quale elemento appartiene la nostra linea ci permetterà di riconoscere il modo in cui affrontiamo le relazioni e ci poniamo negli confronti degli altri. Più *magicamente,* questa linea può indicarci anche il nostro partner ideale, quello che presenterà il tipo di linea, e quindi di elemento, opposto al nostro.

La linea del Cuore di tipo "acqua" finisce sotto il dito indice e racconta il bisogno di una connessione autentica con l'Altro.

Infatti, chi la possiede ha un animo gentile e altruista. Il suo opposto è la linea del Cuore di tipo "terra", corta e dritta, che spesso finisce sotto il dito medio. A questo tipo appartengono le persone leali, pragmatiche e molto riservate, attente ai valori tradizionali della famiglia.

La linea del Cuore di tipo "aria" si presenta lunga e piatta, tipica delle persone romantiche e idealiste che sanno apprezzare la buona conversazione senza scivolare in facili sentimentalismi. Premurose e visionarie, queste persone si legano bene con chi presenta una linea del Cuore di tipo "fuoco", una linea curva che, in genere, va a finire verso il dito medio. La linea "fuoco" appartiene a persone vivaci e dinamiche che amano stare al centro dell'attenzione e difficilmente controllano l'impulsività.

La **linea della Vita** inizia alla base del monte di Giove. Descrive un arco, quasi circumnavigando il monte di Venere e termina alla radice del pollice. Tra le linee maggiori, quella della Vita è l'unica che si trova in tutte le mani e che non cambia mai.

La linea della Vita ci parla della qualità dell'esistenza sul piano fisico, perciò fornisce informazioni sulla nostra forza, volontà e longevità. Il chiromante ne analizza l'aspetto e la lunghezza, annotando l'eventuale presenza di *segni particolari*, come croci, stelle o isole. Una linea della Vita lunga, delineata e ben chiara conferisce a chi la possiede un'ottima costituzione fisica, buona salute e grande vitalità. Quando descrive un arco molto ampio, andando via via allontanandosi dal monte di Venere, regala maggiore passione e sensualità.

Quando la linea è corta, ma ben delineata, ci racconta di una vita da "gran lavoratore", in cui stabilità e sicurezza si ottengono dall'adempimento dei propri doveri e da un equilibrio sottile tra ricerca del piacere e senso di colpa. Una linea della Vita debole e poco marcata, invece, sarà indice di una certa vulnerabilità: la salute è cagionevole e la persona è soggetta a nervosismi e frequenti indecisioni.

La discontinuità della linea della Vita è una metafora grafica della stessa discontinuità che la persona manifesta nel corso del tempo, sia sul piano fisico che psicologico. Le radici di questa linea non sono salde, e nemmeno lo è il punto di arrivo. Chi possiede una linea della Vita discontinua non saprà mai bene dove vuole andare, né chi si desidera diventare veramente.

Dalla linea della Vita, e sotto il monte di Giove, parte la cosiddetta **linea della Testa**. Inizialmente parallela a quella della Vita, questa linea si stacca gradualmente per raggiungere il monte della Luna. Ci parla delle nostre capacità intellettuali e di ragionamento, ma anche delle potenzialità di successo. Quando la linea è lunga e dritta verso il monte di Marte, l'intelligenza diventa oggettiva e analitica. Se invece devia verso il monte della Luna, il pensiero è più propenso ai giochi della fantasia.

Una linea della Testa corta rende capaci di prendere decisioni veloci e immediate. L'intelligenza, in questo caso, è asciutta e pragmatica, con pochi interessi certi. Agirà, invece, con maggiore istinto chi ha una linea della Testa sotto il monte di Saturno. Qui, la presenza di isole indicherà inquietudine, difficoltà di concentrazione e forte stress.

La **linea del Destino**, detta anche "linea di Saturno", ci svela il nostro *posto nel mondo*. Indica l'efficienza professionale, il carattere e il comportamento, nonchè la posizione che raggiungeremo in società. Per indagare il percorso esistenziale di ciascuno di noi, la chiromanzia analizza, infatti, proprio due aspetti della linea del Destino: il punto da cui parte e quello in cui finisce.

Quando la *partenza* è unita alla linea della Vita, il destino verrà fortemente influenzato dal contesto familiare. Se la linea parte vicina al polso, tra il monte di Venere e quello della Luna, saranno invece le stelle a guidare i nostri passi, come un'autentica vocazione già avvertita dall'infanzia. La linea che parte dal monte della Luna regala una carriera eclettica e piena di possibilità, fatta di viaggi e cambi di lavoro frequenti. Tanto più la linea del Destino partirà dal centro del palmo, tanto più tardi si inizierà a decidere cosa fare della propria vita e a concretizzare i propri obiettivi.

Analizziamo adesso il punto di *arrivo*. Quando la linea del Destino finisce su quella della Testa è probabile andare incontro a frustrazioni frequenti nell'ambito lavorativo. Questa caratteristica è visibile principalmente dai trent'anni in su, a conclusione del primo *ciclo di Saturno*. Il pianeta impiega, infatti, circa ventinove anni e mezzo per ritrovare la stessa posizione che aveva alla nostra nascita. La tradizione astrologica fa corrispondere al "ritorno di Saturno" una crisi esistenziale, vissuta ogni trent'anni. Quando appare questo aspetto sulla linea del Destino, la persona è spesso confusa e in balia degli eventi.

Eppure, sarà in grado di rimboccarsi le maniche e di mettere più volte tutto in discussione, in nome della sua vocazione.

Quando la linea del Destino termina su quella del Cuore, la persona sarà felice e soddisfatta della sua vita professionale, che si manifesterà nel modo più convenzionale: una carriera stabile e senza contraccolpi, seguita da un meritato pensionamento. Avranno invece una carriera di alti e bassi, completamente legata all'arte e ai sogni, coloro che presentano una linea del Destino terminata tra il monte di Saturno e quello di Apollo. Quando la linea finisce sul monte di Giove, invece, la carriera sarà legata all'esercizio del potere e dell'autorità.

Rascette e linee minori

Anche le *linee minori* ci raccontano molte cose sulla nostra personalità complessa, considerate un vero e proprio specchio delle esperienze di vita, passate e future. Contrariamente alle maggiori, però, queste linee secondarie sono più rare e incostanti, poiché non si trovano in tutte le mani.

Tra le più emblematiche vi sono le **rascette**, dette anche *braccialetti*. Si tratta di tre o quattro linee orizzontali presenti sul polso. Ogni linea corrisponde a trent'anni di esistenza; contandole, è possibile predire la durata della vita di una persona...

La **linea di Mercurio** nasce solitamente alla base del palmo e si dirige sul monte omonimo. La sua presenza è considerata di cattivo auspicio, annuncia disordini dell'equilibrio psico-fisico.

La **linea dell'Intuizione,** detta anche "linea di Iside" è molto più rara. Chi la possiede è dotato di uno spiccato sesto senso, in grado di predire gli eventi - anche solo a livello subliminale - e di leggere i pensieri altrui. La linea parte dal monte della Luna e termina sul monte di Mercurio, curvandosi appena. Se alla sua base c'è un'isola, la persona svilupperà una tendenza al sonnambulismo. Se si riscontra, invece, una stella al suo apice, la persona otterrà grande successo nella vita grazie alle sue doti personali.

La **linea di Nettuno** o "Via Lasciva" è collocata tra la linea di Mercurio e il monte della Luna. La linea può scendere verso il polso, oppure partire dalla linea della Vita. Si tratta di un segno cui bisogna prestare molta attenzione: la linea di Nettuno rende più facilmente dipendenti da alcol, droghe, tabacco e caffeina.

Continuiamo il nostro viaggio tra le linee secondarie con la **linea di Apollo** che è piuttosto corta e si trova sul monte omonimo. Strettamente collegata alla realizzazione personale, questa linea conferisce una forte passione per l'arte e le cose belle, ma anche talento naturale da investire con successo in qualsiasi settore creativo. E' uno dei segni più fortunati della mano.

La **linea di Marte** ci parla sempre di un alleato, visibile o invisibile. Collocata parallelamente alla linea della Vita, sembra quasi "raffozzarla", sostenendola nei momenti più critici. Alcune tradizioni chiromantiche, infatti, vedono nella linea di Marte la presenza di qualcuno che ci accompagnerà per un lungo tratto della nostra vita.

Per concludere, aggiungerei alle linee secondarie il cosiddetto **cinto di Giove,** conosciuto anche come "anello di Salomone". Questa linea parte tra medio e indice, circondandone la base quasi a disegnare un anello. Chi lo possiede ha un forte interesse per l'occulto e ottiene grandi successi nel campo dell'educazione e della ricerca. Si tratta di un segno fortunato che porta autorevolezza, sagacia e anche una certa *arte della parola*, capace di guarire e incantare. Detto anche "segno del Maestro", il cinto di Giove è spesso visibile nelle mani di scrittori, psichiatri e guru spirituali.

Stelle, croci, isole ad altri segni particolari

Il palmo della mano può essere disseminato da tanti altri tipi di segni, messaggeri dei capricci degli dèi. Alcuni sono di buono auspicio e agiscono su chi li possiede come un piccolo talismano, offrendo protezione, ricchezza e prosperità. Altri sono meno generosi. Ciononostante, l'arte chiromantica mette in guardia: ogni segno, ogni dettaglio, va *indagato* in relazione con il resto della mano, che è un microcosmo in cui tutti gli elementi sono legati gli uni agli altri, e fra loro interagiscono. Ecco perché anche un tratto di per sè "nefasto" può rivelarsi tutt'altro che negativo per la persona che lo manifesta. Nel *gioco delle parti*, luci e ombre si scambiano volentieri i ruoli, trasmutando alchemicamente.

Ad esempio, una singola linea verticale sui monti è indice di fortuna e successo, mentre la presenza di una **croce** non è affatto considerata positiva.

La croce denota violenza, sfide, difficoltà, eppure chi ne possiede una nel palmo - la cosidetta "croce mistica" - sarà pienamente consapevole del suo potere sin dalla tenera età, dotato di saggezza intuitiva e di una grande comprensione del mondo.

Un altro segno fortunato è la linea del Cuore che si biforca in alto, con un ramo rivolto verso il monte di Giove. Si tratta di una promessa di fortuna certa, come le quattro linee orizzontali sulla seconda falange del pollice, che auspicano fama e ricchezza.

La presenza di una **stella** è un segno ambivalente, positivo o negativo a seconda della sua collocazione. Se si trova alla fine della linea del Destino è una garanzia di successo durevole. Se, invece, si trova sul monte di Saturno, pare presagire il morso di un serpente o l'attacco di qualche animale. Situata sul monte di Apollo, la stella annuncia un improvviso colpo di fortuna.

La **griglia** è considerata un segno prevalentemente oscuro. Formata da linee intrecciate, diritte o oblique, indica spesso morte e malattie. Eppure, chi possiede una griglia sul monte di Mercurio - tre linee dette "del samaritano" - otterrà capacità di guarire e di autoguarirsi.

Un'**isola** sulla cintura di Venere indica una predisposizione alla chiaroveggenza, ma sul resto della mano annuncia tradimenti, ferite e ritardi. La presenza di un **quadrato** aumenta la potenza delle aree in cui si trova; il triangolo, segno meno comune, regala grande intelligenza e sensibilità alle energie sottili.

Raro è il segno del **cerchio**, la cui presenza è *fortunata* sui monti e *sfortunata* sul resto della mano. In genere, il cerchio agisce come un amplificatore: aumenta la presenza di problemi fisici e psichici, ma anche quella di abilità fuori dal comune, specie se si trova nella parte inferiore del monte della Luna.

Anche le impronte digitali, con le loro assolute particolarità, possono essere considerate *segni distintivi* di grande interesse per l'indagine chiromantica. Quando somigliano a **vortici**, la persona è brillante e individualista, esprime facilmente le sue opinioni e dispone di un pensiero anticonvenzionale.

Quando appaiono come **archi**, favoriscono le attività manuali come l'artigianato, l'agricoltura o la chirurgia. Chi possiede questo tipo di impronta si esprimerà meglio con i gesti che con le parole. Più rari e preziosi, gli **archi a tenda** aumentano l'intelligenza emotiva, regalando entusiasmo e idealismo.

Le impronte a forma di **ansa** ci raccontano di personalità flessibili, capaci di adattarsi ad ogni situazione. Sono le persone più camaleontiche, dotate di grande empatia e di una buona dose di diplomazia.

Ogni segno, anche il più impercettibile, ha la sua storia da raccontare e trova senso solo se inserito in un più vasto sistema di valori e simboli, alcuni codificati, altri più misteriosi.

Il mio viaggio chiromantico finisce qui, e il tuo inizia appena. *Prendi questa mano*, e poi passala. Che è questo il gioco della vita.

Bibliografia

A. Desbarrolles, *Les mystères de la main révélés et expliqués: art de connaître la vie... d'après la seule inspection des mains*, Paris, 1859.

J. Gautier, *Chiromancie et chirognomonie, ou L'art de lire dans la main*, Paris, 1885.

F. Frisoni, *La mano, l'uomo e il suo destino. Lineamenti pratici divinatori e semeiologici di chiromanzia*, Milano, Mursia, 1984.

M. Gardini, *Il libro della mano. Personalità e destino attraverso la chiromanzia*, Milano, Mondadori, 1984.

A. Hachiro, *Il libro completo della chiromanzia*, Roma, Hermes, 1987.

E. Kretschmer, *Körperbau und Charakter*, Berlin, Springer, 1921.

Para d'Hermes, *Ce qu'on voit dans la main: chiromancie ancienne et moderne / expliquée par A. de Para' d'Hermès*, Paris, 1879.

Papus, *Comment on lit dans la main: Premiers éléments de chiromancie*, Dangles, 1994.

NOTA SULL'AUTRICE

Elisabetta Giuliani è poetessa, tarotista e esperta di comunicazione digitale. Nata a Bari, vive e lavora a Parigi dal 2010.

Specializzata in filosofia teoretica, semiotica del linguaggio e mediazione interculturale, dedica le sue ricerche all'indagine metafisica e spirituale. Nel 2018, crea il blog tematico "Poesia & Psicomagia" orientato alla fioritura spirituale attraverso la pratica artistica e psicomagica.

Finalista di numerosi premi letterari, in Italia e all'estero, l'autrice ha pubblicato diverse raccolte di poesie, saggi e racconti brevi.

Della stessa autrice:
GIULIANI E. (2020), POESIA PSICOMAGICA, 100 incantesimi e una pagina vuota, BD Edizioni, Parigi.
GIULIANI E. (2019), OUROBOROS, Confessioni di Fiamma Gemella, BD Edizioni, Parigi.
GIULIANI E. (2018), NOSTOS, Archetipi Narratori, BD Edizioni, Parigi.
GIULIANI E., (2017), "R-ENTRE. Ricordi chi sono?, Performance poetico-teatrale, FUIS e LIVRE PARIS, Parigi.
GIULIANI E. (2016), "IMMERSIONE", Performance teatrale, SIAP, Parigi.
LA PLUME DE PARIS (2015), Atlantide, Piaceri Sommersi, BD Edizioni, Parigi.
LA PLUME DE PARIS (2014), Kintsukuroi, L'Amore riparato, BD Edizioni, Parigi.
LA PLUME DE PARIS (2014), Di sole e di ombra, LOPcom, Bologna.
LA PLUME DE PARIS (2014), Io vengo a prenderti, Vitale Edizioni, Roma.
GIULIANI E. (2013), "La Neve", in Women@work, Vene Vorticose, Bertoni Editore, Perugia.

PRENDI QUESTA MANO
Poesie chiromantiche
Elisabetta GIULIANI

© Poesia & Psicomagia, 2018
www.poesiaepsicomagia.online